PRÉCIS

POUR

M. Jean Planchat, ancien notaire, demandeur,

CONTRE

MM. *Germain et consorts, défendeurs.*

M. Catherinot, propriétaire, décédé à Villeportun, commune de Vineuil, entre Châteauroux et Levroux, a disposé de son patrimoine par plusieurs testaments ; et il faut le reconnaître, il est constant, par la multitude et l'importance de ses legs, qu'il s'était fait une complète illusion sur l'étendue de sa fortune, oubliant sans doute qu'il était grevé de reprises considérables, envers les héritiers de son épouse, dont les biens lui étaient restés à titre d'usufruit.

Les parents successibles de M. Catherinot sont pour la plupart dans une bonne position de fortune; les moins riches paraissent être dans une position aisée. Aussi M. Catherinot, n'a pas cru devoir se préoccuper beaucoup de leur avenir, et le plus pressant besoin de son cœur a toujours été d'appeler à lui succéder de préférence les personnes attachées à sa maison, celles dont il avait reçu des services, ou qui lui avaient donné des témoignages non équivoques de dévouement ou d'amitié.

Longtemps avant 1810, son affection s'était concentrée particulièrement sur M. Jouhannet, curé de Vineuil, homme aimable et bon, que des relations de voisinage et un commerce intime lui avaient permis d'apprécier et d'estimer.

Le 1er avril de la même année, par un testament olographe, M. Catherinot gratifia M. Jouhannet de l'usufruit de tous ses biens, meubles et immeubles, avec dispense de donner caution.

Le 10 juin suivant, par un testament fait dans la même forme (et il n'a jamais testé que de cette manière, tant il y apportait de discrétion !) il lui légua tous les meubles meublants, linge, argent, argenterie, grains, vins, cheptels de bestiaux, effets morts et vifs, garnissant ses domaines et locatures; avec remise de leurs dettes aux fermiers et colons.

Le 12 septembre 1812, il légua encore à M. Jouhannet toutes ses créances actives, résultants de billets et obligations qu'il laisserait dans sa succession, et, par le même acte, il le chargea de payer quelques parties de rente à trois personnes.

Depuis 1812 jusqu'en 1829, nul autre testament n'apparaît.

On n'a pas encore osé alléguer que M. Jouhannet eût employé des moyens illicites pour obtenir toutes ces libéralités. S'il ne fût pas mort avant M. Catherinot, il est douteux que les sieurs Germain et consorts lui eussent épargné cette injure, qu'ils ne craignent pas aujourd'hui, dans leur colère, de prodiguer à M. Planchat.

A cette époque de 1829, M. Planchat, notaire à Levroux, jouissait depuis plus de 30 ans de la confiance de M. Catherinot. Il en jouissait comme notaire, et de plus, sans avoir jamais été son homme d'affaires, il était souvent son intermédiaire auprès de ses fermiers et locataires, dont les exploitations touchent aux portes de la ville, et qui avaient besoin d'être souvent stimulés quand l'époque était venue de conduire à leur maître leurs prestations en argent ou en engrais; il a plus d'une fois donné des ordres pour des réparations, arrêté les comptes des ouvriers, réglé avec les fermiers sur les pièces fournies par M. Catherinot, qui touchait ensuite directement les reliquats de compte. La correspondance prouve qu'il a bien souvent fait l'avance des impôts. — En un mot, M. Catherinot, souvent malade et d'une nature indolente, qu'une trop longue contention d'esprit eut fatigué, aimait à trouver dans son notaire un homme rompu aux affaires, qui lui évitait bien des courses et des relations écrites avec des paysans, faisant souvent la sourde oreille, ne répondant qu'à demi, ou ne répondant pas du tout.

Ces rapports de tous les instants avaient fait naître en M. Catherinot une confiance absolue dans M. Planchat, et un véritable attachement, en retour duquel celui-ci lui a donné constamment des preuves d'une amitié respectueuse et d'un entier dévouement.

Ici se place le testament du 1er décembre 1829, par lequel le testateur substitue M. Planchat, M. Claveau-Cartier et la dame Moreau, chacun pour un tiers, au lieu et place du curé Jouhannet, nommé légataire par les trois précédents testaments, et décédé depuis quelques temps.

C'est à cette époque que les adversaires font remonter leur système de suggestion et de captation qu'ils appliquent seulement à M. Planchat; mais dont ils font grâce à madame Moreau, à la mémoire de M. Claveau Cartier, qui n'est plus, et à plusieurs personnes qui se trouvent gratifiées de sommes considérables.

M. Catherinot, dont l'affection pour M. Planchat augmentait tous les jours, a cru devoir ajouter à ses libéralités, par un testament du 25 avril 1838, dans lequel il déclare révoquer les legs faits au sieur Claveau Cartier et à la dame Moreau ; puis, après quelques dispositions inutiles à rappeler, il s'exprime ainsi :

« *Je donne* à M. Planchat, notaire à Levroux, et ce indépendamment de
» ce que je lui donne dans le précédent testament du 1er décembre 1829 ; *je*
» *lui donne* la somme de dix-huit mille francs pour lui être payée de suite.
« Je charge spécialement mon dit sieur Planchat de faire faire mes funé-
» railles le plus honorablement et le plus honorifiquement possible. C'est
» pourquoi il prendra dans ma maison, soit en argent comptant, s'il y en a,
» ou tous autres effets pour représenter de l'argent, une somme de cent louis
» d'or de 24 fr. ou 2,400 fr., dont je le décharge de rendre aucune espèce de
» compte, espérant qu'il fera tout le plus honorablement possible, le priant
» de me faire placer une tombe, supportée par de la brique à chaux et à
» ciment, et que ladite tombe soit d'une très belle et grande dimension. »

Viennent ensuite des legs en faveur de plusieurs personnes, entre autres mademoiselle Rosine Savary, cousine de M. Catherinot.

Le 6 novembre 1843 est la date d'un autre testament, par lequel M. Catherinot lègue, par un acte additionnel, dit-il, à ses testaments :

A M. Robert, son médecin.....................	10,000f
A Madame Jérôme Gaultier.......	4,000.
A Michel Vincent, son fermier................	2,000.
A Madame Blanchet, marchande..............	2,000.
A sa cousine, mademoiselle Savary.............	2,000.
A Charles Auguet............................	4,000.
A Madelaine Biot, fermière.....................	4,000.
	28,000.

Il dit que ces dites sommes seront acquittées et payées par les personnes auxquelles il fait des bienfaits dans ses testaments, dans la 15e de son décès, à peine de tous dommages-intérêts contre eux, puis il ajoute ces paroles remarquables :

« Néanmoins, j'entends que M. Planchat, notaire à Levroux, à qui j'ai fait
» des bienfaits dans un de mes précédents testaments, ne contribue en rien
» ni pour rien à ces paiements, l'en dispensant absolument en entier. »

Le même jour, 6 novembre 1843, il fait un autre testament additionnel aux précédents, en faveur de M. Robert, médecin, pour une nouvelle somme de 10,000 fr., du sieur Huard Duplessy, pour 2,000 fr.; on y voit figurer la dame Jérôme Gaultier pour 1,500 fr., la dame Blanchet pour 1,000 fr., Charles Auguet et mademoiselle Savary pour des sommes égales à celles à eux léguées dans le premier testament du même jour.

A la suite de ces legs, on lit ces mots, encore plus énergiques que ceux qu'on trouve dans le testament précédent :

« Néanmoins, j'entends et veux que M. Planchat, notaire à Levroux, mon
» ancien ami à qui je fais des bienfaits dans mes précédents testaments, ne
» contribue en rien ni pour rien à ces paiements, l'en dispensant en entier,
» absolument en entier ; et lui donne encore par cet acte la somme de 10,000
» francs à prendre dans mes terres du Verger ou de Villegourdin, les plus
» près de Levroux, le chargeant d'en faire lui-même l'estimation, entendant et
» voulant que les ayant cause y passent. »

Nous énonçons sans commentaire deux derniers testaments en faveur de M. Planchat, sous les dates des 18 février et 20 mars 1848, dans lesquels il figure seul.

Par le premier, M. Catherinot lui lègue la somme de 20,000 francs, qu'il recevra dans les trois mois de son décès, avec déclaration de sa part que les différents dons qu'il a faits à diverses personnes, sortiraient leur plein et entier effet.

Par le deuxième testament, qui est déclaré additionnel au précédent, il lui donne la somme de 5,000 francs en sus de 20,000 francs porté ci-dessus, ce qui forme 25,000 francs pour par lui (dit le testateur) « en jouir et disposer
» aussitôt que j'aurai cessé d'exister, et recevoir ce legs dans les trois mois
» suivants ; s'il venait à décéder avant moi, j'entends que ce legs profite
» entièrement à ses enfants et descendants qui me survivront, et le tout
» à prendre sur les plus clairs biens de ma succession ; en foi de quoi j'ai
» signé le présent testament pous sortir son plein et entier effet, avec dé-
» claration de ma part que les différents dons, legs que j'ai fait à diverses
» personnes, sortiront leur plein et entier effet comme celui ci-dessus, le
» tout après décès. »

M. Catherinot est mort le 2 octobre 1848.

Ses divers testaments trouvés pour la plupart dans ses papiers, sur lesquels les scellés avaient été apposés, (et il en est plusieurs dont nous n'avons pas fait mention, parce qu'ils ne concernent pas M. Planchat), ont été présentés à M. le président du tribunal civil de Châteauroux, et après que leur état a été constaté, ils ont été déposés par ordonnance de ce magistrat, les uns chez M. Rue, notaire à Châteauroux, les autres chez M. Hamouy, notaire en la même ville.

M. Planchat avant de former sa demande en délivrance de legs a renoncé, par acte du greffe du tribunal, au legs d'usufruit, auquel il avait droit comme ayant succédé pour un tiers à M. Jouhannet, légataire universel en usufruit selon le testament du 1er avril 1810, avec déclaration qu'il s'en tenait aux legs résultant pour lui des testaments du 1er juin 1810, 18 septembre 1812, et autres testaments de M. Catherinot.

Mais une renonciation d'un autre genre a été déterminée par la découverte de tous ces testaments, de la part d'une fraction des héritiers de monsieur Catherinot, qui habitent Châteauroux, et qui, après avoir assisté pendant quelques séances à la levée des scellés et à l'inventaire, n'ont pas hésité à répudier une succession dont la liquidation ne leur offrait en perspective que d'inextricables difficultés, sans aucun avantage appréciable.

M. Germain et quelques autres parents de M. Catherinot, moins faciles à se décourager, ont entrepris cette tâche difficile et se sont portés héritiers sous bénéfice d'inventaire.

C'est contre eux que la demande de M. Planchat a été dirigée dans le but d'obtenir la délivrance de ces différents legs.

On ne croit devoir en rapporter ici que les conclusions.

Elles tendent à ce qu'il plait au tribunal.

Ouïr dire qu'il sera donné acte à M. Planchat de la renonciation par lui faite, au greffe du tribunal, au bénéfice de la portion d'usufruit à lui léguée des biens, meubles et immeubles du testateur par son testament du 1er avril 1810, et de la déclaration qu'il fait de s'en tenir au legs fait en pleine et entière propriété du tiers de tous les meubles meublants, linge, argent, argenterie, billets, obligations et créances actives de la succession du défunt, grains et vins trouvés au décès dans les maisons de ville et de campagne du testateur ; ainsi que des cheptels de bestiaux et autres objets morts ou vifs garnissant ses domaines et locatures à la même époque, sans réserve, suivant son testament du 10 juin, même année, et autres dispositions testamentaires de M. Catherinot.

Que toutes les parties ont été assignées dans les qualités à elles attribuées a faire délivrance et paiement à M. Planchat.

1o En nature, du tiers en pleine et entière propriété et jouissance de tous les meubles meublants, linge, argent, argenterie, billets, obligations et créances de la succession, grains et vins trouvés au décès dans les maisons de ville et de campagne du testateur, ainsi que des cheptels de bestiaux et autres objets morts et vifs, garnissant ses domaines et locatures à la même époque, en quelques lieux qu'ils se trouvent, sans réserve; qu'il sera en conséquence procédé, par experts convenus ou nommés d'office, au partage de tous les dits objets pour en être remis un tiers à M. Planchat, le dit legs franc et quitte de toutes dettes et charges de la succession du défunt. Cependant, attendu qu'il existe dans les propriétés du défunt des bestiaux pour une valeur assez considérable, lesquels ne sont pas attachés aux domaines, mais dépendent de la réserve de Villeportun, où ils consomment des fourrages sans rendre aucun service ; attendu qu'il est de l'intérêt des parties que ces bestiaux soient vendus le plus tôt possible : ordonner par provision et sans nuire ni préjudicier aux qualités, droits et moyens respectifs des parties, lesquels demeureront expressément réservés, qu'à la requête, poursuite et dilligence des défendeurs, il sera, parties présentes ou dûment appelées et sur affiches et publications préalables, procédé à la vente aux enchères, au plus prochain marché de la ville de Levroux, de tous les bestiaux encombrant dans les lieux ci-dessus désignés, savoir : 1º Deux chevaux hors d'âge, dont un sous poil blanc et l'autre sous poil noir ; 2º Trois vaches de différents poils et âges, pour le prix en être versé dans leurs mains, à la charge par eux d'en rendre compte à qui de droit après décision définitive ; sinon et faute par eux de faire procéder à ladite vente, ouïr dire que M. Planchat sera autorisé à le faire faire, de la manière et aux conditions ci-dessus énoncées à l'égard des héritiers ; 3º De la somme de vingt mille quatre cents francs, montant du legs exprimé aux testaments des 25 avril 1828 et 6 novembre 1843, et ce par préférence et antériorité à tous les autres légataires ; 4º De la somme de vingt-cinq mille francs, montant des legs faits à M. Planchat par les testaments des 18 février et 20 mars 1848, le tout avec intérêts tels que de droit. Que les défendeurs seront également condamnés à lui délivrer et d'élaisser pour le remplir de la somme de dix mille francs, à lui léguée par le testament du 6 novembre 1843, les héritages dont la désignation suit :

1º Une pièce de terre, située au Mas, dit du Gour, près le pré Cotin, commune de Levroux, contenant 2 hectares 73 ares, estimée la somme de mille dix francs... 1,010. 00.

2º Une autre pièce de terre, contenant un hectare 71 ares 70 centiares, située au Mas, dit de Gravouillet, estimée ci.... 675. 00.

3º Une autre pièce de terre, située au Mas des Mottes-longues, partie dans la commune de Levroux, et partie dans celle de St-Phalier, contenant au total 10 hectares 50 ares 30 centiares, portées sous les numéros 5 et 141 du cadastre des dites communes, dont :

1º Un hectare 68 ares 50 centiares, estimés au total.................................... 665.
2º Cinq hectares 76 ares 90 centiares, au milieu de la pièce, estimés........................... 1,900.   } 2,885. 00.
3º 3 hectares 4 ares 50 centiares, estimés au total. 320.

Total de la division en trois parties pour l'évaluation ne de la pièce des Mottes-longues, la somme de deux mille huit cent quatre-vingt-cinq francs, ci.............. *Accolade.*

4º Une autre pièce de terre, située dans les communes de Levroux et Saint-Phalier, dite la terre de la Motte, contenant au total 16 ares 29 ares 80 centiares, y compris le tertre dit la Butte ou la Motte de Saint-Phalier, dont :

1º 3 hectares, 43 ares 70 centiares, dans la partie la plus près

A reporter................ 4,570. 00.

Report................ 4,570ᶠ 08ᶜ

des bâtiments du domaine du Verger, estimés au total quinze
cent soixante francs, ci.......................... 1,560ᶠ

2° 7 hectares 8 ares 10 centiares, au milieu de la
pièce, estimés au total deux mille trois cent quaran-
te francs, ci............................... 2.340.

3° 3 hectares 47 ares 50 centiares, au-dessus de la
terre des Desbleds. estimés au total mille dix francs,
ci.. 1,010.

4° 1 hectare 44 ares 20 centiares, longeant les
chemins de Bretagne et Vatan, estimés au total quatre cent vingt francs, ci........................ 420.

5° Et enfin 86 ares 30 centiares de terre, compre-
nant le Tertre, dit la Motte de Saint-Phalier, et environ dix mètres au-delà vers le couchant, ne
présentant qu'un 50ᵉ en tuf pierreux sans apparence
de culture, estimés au total la somme de cent francs,
ci.. 100.

5,430. 00.

Total de la pièce de la Motte, cinq mille quatre cent
trente francs, ci. ....,........ A l'accolade.

Total général des estimations ci-dessus, la somme de
dix mille francs, égale au legs................ 10,000. 00.

Que les défendeurs seront en outre condamnés à payer à M. Planchat la
jouissance des héritages jusqu'au jour où il en aura été mis en possession, et
en tous les dépens de l'instance, sous toutes réserves de fait et de droit, comme de prendre par la suite, et en tout état de cause, telles autres et plus am-
ples conclusions qu'il appartiendra.

Les sieurs Germain et consorts ont combattu cette demande par requête
signifiée à l'avoué du demandeur le 3 décembre 1849. Ils annoncent dans
cette requête vouloir démontrer principalement deux propositions ; ils veulent prouver :

1° Que les legs faits par M. Catherinot au demandeur sont atteints du vice
de captation et suggestion, et ne peuvent produire aucun effet ;

2° Et comme moyen subsidiaire, que les deux derniers testaments faits en
faveur du demandeur, absorbent les testaments antérieurs, en résumant
toutes les libéralités de M. Catherinot, lesquelles doivent être réduites à
25,000 francs à prélever sur les plus clairs biens de la succession.

DISCUSSION.

1º Pour démontrer la première proposition, ils se bornent à prétendre que la volonté de M. Catherinot n'a jamais été libre, qu'il a sans cesse été obsédé par le légataire et sa famille, qui ont eu recours aux séductions, aux adulations, même aux cadeaux pour capter sa bienveillance et ses largesses.

Et pour établir, par un fait, cette prétendue pression qu'on aurait exercée sur l'esprit de M. Catherinot, ils citent dans leur requête une note qui lui aurait été donnée par son notaire, comme modèle d'un testament par lequel M. Catherinot devait lui léguer la clientèle de ses héritiers, en leur prescrivant de ne passer que dans son étude tous les actes qui seraient relatifs à sa succession.

Si la note existe bien réellement, la production que le sieur Germain paraît vouloir en faire aujourd'hui ne déposerait pas beaucoup en faveur de son habileté d'avocat ; car elle serait de nature à détruire radicalement son système de captation et de suggestion. M. Germain doit supposer que son adversaire, qui a été notaire pendant 50 ans et qui a exercé sa profession avec quelqu'intelligence, en connaissait les principes essentiels, et qu'il ne pouvait ignorer l'article 8 de la loi du 25 ventôse an II, qui interdit aux notaires d'instrumenter dans les actes auxquels eux ou leurs proches parents seraient intéressés ou parties.

Eh bien ! cette note qu'il aurait rédigée nécessairement à une époque voisine du décès de M. Catherinot, puisqu'elle l'aurait été dans la prévision de ce décès, fournirait la preuve irrécusable, que le demandeur n'avait nulle connaissance des libéralités dont il avait été l'objet, et qu'il a effectivement toujours ignorées. Car comment supposer que s'il les eut connues, il eût cherché à s'assurer la clientelle et à forcer la confiance des héritiers de M. Catherinot, à l'effet de faire l'inventaire ou tous autres actes relatifs à la succession. En sa qualité de légataire, il devenait partie essentielle dans ces actes ; son intérêt direct lui interdisait de les rédiger comme notaire, et la loi le lui défendait. Il n'a donc pas pu conseiller un pareil acte avec la connaissance qu'il aurait eue préalablement des testaments, et s'il ne les a pas connus, il n'a pu employer le dol et la fraude pour les obtenir.

Quant à l'existence de la note, on ne peut rien en dire, puisque nulle communication n'en a été donnée ; elle ne pouvait avoir aucune portée, ni procurer aucun avantage au demandeur, quand même elle eût été convertie en testament, car il est évident que le testateur, maître de l'exercice de sa volonté, ne pouvait commander à celle de ses héritiers. La note aurait donc été donnée à M. Catherinot, sur sa demande, pour satisfaire à un sentiment de bienveillance assez ordinaire chez lui, et dans la crainte de le désobliger en lui refusant le projet d'une pièce même insignifiante qu'il jugeait devoir être utile à son ami.

Du reste, elle n'a été suivie d'aucun fait d'exécution, elle n'a pas été convertie en testament, et si le demandeur l'avait fournie dans cette intention, sa déception aurait été complète et bien méritée.

M. Germain parle de séduction, d'obséquiosités, de fréquents envois de gibier, destinés par le notaire à s'attirer les libéralités de son client, et l'on assure qu'il espère tirer un grand parti d'une lettre annonçant à M. Catherinot l'envoi d'un panier de gibier contenant, entr'autres pièces, un lièvre *mâle*. Cette distinction des sexes, en fait de lièvres, qu'il paraît que l'on tue et que l'on mange indifféremment et avec le même plaisir sur le sol de l'Algérie, où il a longtemps résidé, a été, pour le sieur Germain, un grand sujet d'espérance et d'hilarité. Annoncer l'envoi d'un lièvre, et d'un lièvre mâle, quelle énormité! quel puissant sujet de suggestion et de captation!

Tous ceux qui ont connu M. Catherinot savent que le plaisir de la table avait pour lui un puissant attrait, qu'il s'y livrait avec délices, et que rien n'égalait son appétit, si ce n'est la politesse de ses manières et la bonté de son cœur. Il s'était persuadé que le gibier lui convenait mieux que les oiseaux de basse cour, parce que c'est une nourriture saine, chaude, savoureuse et facile à digérer. Il avait sans doute lu dans la *Physiologie du Goût* de Brillat-Savarin, conseiller à la cour de cassation, à qui les gastronomes doivent ce livre plein d'esprit sur l'excellence de la cuisine, que sous les ordres d'un chef instruit, le gibier, par un grand nombre de modifications et de transformations savantes, fournit des mets de haute saveur, qui constituent la cuisine transcendante; il était convaincu que ce genre d'alimentation entretenait ses forces, donnait une nouvelle énergie à son estomac et pouvait prolonger ses jours. Il demandait donc du gibier à son notaire, devenu pour lui un intime ami, et il insistait de préférence pour les lièvres mâles, qu'il trouvait plus succulents que les femelles, épuisées, selon lui, par une continuelle fécondité. Il est donc possible qu'un certain jour on lui ait annoncé l'envoi d'un lièvre, *et d'un lièvre mâle*.

Il ne faut pas croire toutefois que ces envois aient été entièrement spontanés; ils étaient le plus souvent provoqués par M. Catherinot. Nous avons sous les yeux deux lettres de lui, dans lesquelles se trouve la preuve de notre assertion. Dans l'une, du 6 février 1846, on lit ces mots:

« Si madame Planchat, que j'assure de mon profond respect, peut me » procurer un lièvre et quelques pièces de gibier en bécasses et perdrix pour » le jeudi gras, elle me fera grand plaisir. » Dans l'autre lettre, du 9 octobre 1849, il écrit:

« Je vous remercie, mon ancien et très intime ami, des trois beaux per-» dreaux que vous m'avez envoyés. J'espère que vous voudrez bien m'en-

» voyer aussi quelques bécassines. J'en ferai à mon premier voyage mes re-
» merciements à madame Planchat de vive voix. »

Mais c'est trop s'appesantir sur des détails si peu dignes d'occuper un
moment l'attention de la justice. M. Germain aurait dû les lui épargner et
ne pas porter la discussion sur un terrain aussi peu solide que celui de la
suggestion et de la captation, avec si peu de moyens de la soutenir.

Si l'on admettait autrefois une pareille exception, c'était seulement quand
elle reposait sur des faits de dol et de fraude ; par exemple, lorsque le légataire ne l'était devenu qu'en supposant des faits faux et calomnieux pour
faire naître dans l'ame du testateur des sentiments de haine et d'animosité
contre ses héritiers présomptifs et les dépouiller pour l'enrichir. Il ne suffis-
sait donc pas d'alléguer vaguement que le légataire avait cherché à influencer
la volonté du testateur par des présents, par des semblants d'affection, par
des services, des complaisances, des caresses, ou même des prières, dans l'unique
vue de s'attirer des libéralités. Ces moyens, tout méprisables qu'ils soient,
ne pouvaient suffire pour faire prononcer la nullité d'une donation ou d'un
testament.

L'ordonnance de 1751, en son article 47, laissait subsister, il est vrai, l'ac-
tion en nullité pour suggestion et captation ; car, après avoir ordonné l'exécution rigoureuse des mesures prescrites sur cette matière, cet article faisait
réserve aux parties intéressées du moyen tiré de la suggestion et captation
desdits actes, et qui pouvait être employé sans qu'il fut besoin de s'inscrire
en faux à cet effet. Mais pour qu'une pareille attaque pût être suivie de succès,
il fallait qu'elle présentât dans les faits les caractères de gravité qui viennent
d'être signalés, savoir : l'emploi de manœuvres pour tromper l'esprit du testateur ou donateur, et un système de dénigrement ou de calomnie propre à
lui inspirer de la haine contre ses héritiers légitimes

Le code civil n'a pas autorisé cette loi de nullité, et il ne l'a pas non plus
prohibée en matière de testaments publics. Son admission peut donc dépen-
dre des circonstances qui doivent être toujours graves et révéler un dol.

On s'est demandé si l'exception de captation incontestable en fait de
testaments publics et authentiques, pouvait recevoir son application contre
les testaments olographes. Les auteurs admettent la négative, ils regardent
comme une maxime certaine que les faits de suggestion ne sont pas rece-
vables contre un testament olographe.

On en conçoit le motif. Le testament olographe est moins susceptible d'être
suggéré que le testament public. En effet, la personne dont il émane est censée
ne prendre conseil que d'elle-même. C'est elle-même qui le médite, qui l'écrit ;
elle a pu imprimer à sa pensée sa véritable signification, et loin des confidents
indiscrets, donner cours à ses sentiments et satisfaire aux affections de son
cœur. Au contraire, quand il s'agit d'un testament public, le testament est
placé sous l'influence d'autrui : la partie intéressée est à sa porte ; elle hâte

l'arrivée du notaire et des témoins. C'est le plus souvent dans un cas de maladie grave qui enlève au testateur sa liberté d'esprit et l'énergie de sa volonté, et le rend plus accessible aux obsessions.

M. Germain oserait-il dire que le demandeur a employé des manœuvres frauduleuses pour faire violence aux sentiments de M. Catherinot, et lui arracher une fortune que, sans ces manœuvres, il eût laissé arriver à ses héritiers légitimes ?

Ses héritiers légitimes ! mais s'en est-il jamais souvenu dans aucun de ses testaments ? Quelles lettres de sa part, quels témoignages d'affection, quelles promesses de libéralités les adversaires nous apportent-ils pour prouver que son héritage leur a été injustement ravi ? Comment prouvent-ils que cette multitude de légataires, laissés par M. Catherinot, se seront concertés ou plutôt coalisés pour leur leur enlever cette riche proie ?

De tous ces héritiers qui se présentent, presque aucun ne lui était connu, ou n'avait eu avec lui de relations intimes ; et s'il les connaissait, il les savait dans une position qui le dispensait de leur faire des libéralités.

En 1810, le curé Jouhannet était l'objet de toutes ses affections

En 1829, après la mort de M, Jouhannet, M. Catherinot avait reporté sur un autre le même sentiment de bienveillance et d'amitié ; et dans aucun des testaments de ces époques, nul des parents, sauf Mlle Savary, pour un legs illusoire et purement nominal d'usufruit, n'est nommé ni appelé à sa succession.

M. Germain a cru avoir satisfait à la loi en offrant vaguement de prouver que les testaments de M. Catherinot avaient été obtenus par des moyens illicites ; qu'ils étaient le fruit de la captation et de la séduction. Mais il s'est trompé, il était obligé de préciser les faits, de révéler les circonstances de dol et de fraude qu'il voulait prouver, d'en rapporter des preuves écrites, ou au moins d'en offrir la preuve par témoins.

Son devoir était tracé par l'article 252 du Code de procédure civile. Il devait articuler les faits.

Articuler des faits, c'est les préciser, c'est dire en quoi ils consistent, comment la captation et la suggestion se sont manifestées, par quelles paroles, par quelles insinuations, par quels propos imaginés, soit pour se faire léguer une fortune à laquelle on n'avait aucun droit, soit pour faire écarter d'une succession des parents affectionnés et bien méritants.

2o L'argument de la captation et de la suggestion étant épuisé, la seconde proposition doit être discutée. Il s'agit d'examiner si les deux testaments que M. Catherinot a faits en faveur de M. Planchat, résument et détruisent définitivement toutes les libéralités de M. Catherinot.

Les testaments antérieurs à 1848 démontrent avec évidence que M. Catherinot avait une vive affection pour le légataire sur la tête duquel il avait accumulé tant d'actes de générosité.

Ses nombreuses lettres, qui seront reproduites, prouvent qu'il lui avait donné sa confiance entière, absolue ; qu'il avait sans cesse recours à ses conseils et, il faut le dire, à son obligeance.

Dans une lettre du 4 novembre 1812, il lui écrivait : « Si vous pouviez venir me voir aujourd'hui, vous coucheriez chez moi. Nous réglerions ensemble le parti que j'aurai à prendre relativement à Henri Tréfault (c'était un de ses fermiers); je ferai tout ce que vous me direz.

Dans une autre lettre du 17 février 1814, il reclame les bons offices de son notaire, à l'occasion d'un rôle extraordinaire qui doit se faire en Assemblée générale, à Villegongis, et dans lequel il craint d'être trop chargé. Il met en lui toute sa confiance.

Par une autre du 5 mars 1845, il lui rappelle qu'il l'a chargé d'un paiement de réparations, et il termine par ces mots bien significatifs ; *« Je vous en ai bien prévenu ; vos peines pour moi seront toujours multipliées, d'ailleurs je n'ai que vous pour appui. »* Toutes ses lettres, en remontant à plus de 40 ans, contiennent, dans leurs formes, l'expression du plus grand attachement. Il ne l'appelle jamais, dans les plus anciennes, *que son cher M. Planchat.* Dans le temps intermédiaire, il l'appelle *son ancien ami* ; plus tard il le nomme *son ancien et intime ami*, et dans les derniers temps, il emploie l'appellation superlative *d'ancien et très intime ami, auquel il déclare vouer un sincère et inviolable attachement.*

Pour qu'on puisse induire des testaments de 1848, que M. Catherinot voulut révoquer les testaments antérieurs, il faut qu'il soit démontré à défaut de révocation expresse dans ces testaments :

Que la personne gratifiée a démérité aux yeux du testateur, et que celui-ci a eu un juste sujet de lui retirer ses précédentes libéralités. Or, il est notoire, et la correspondance en fait foi, qu'en 1847, comme avant, comme depuis, la confiance et les démonstrations d'amitié ont toujours été les mêmes. Nous ne parlerons pas de ces parties de campagne pour les tontes, auxquelles M. Catherinot ne manquait jamais d'inviter son notaire, sa femme et ses enfants , parce qu'on pourrait dire que ces sortes d'invitations sont sans conséquence, qu'elles s'adressent souvent à des personnes qu'on n'admettrait pas dans son intimité. Mais nous trouvons la preuve des bonnes et intimes relations dans une lettre du 12 juin 1848, par laquelle M. Catherinot conviait la famille Planchat aux jouissances du foyer domestique. Il recevait chez lui, à Villeportun, l'un de ses plus honorables parents, M. Dufresne-Dargier, de Paris, avec sa femme et ses enfants ; c'était une véritable fête de famille, pour laquelle il se plaisait à réunir ceux qu'il honorait le plus parmi ses proches et ceux qu'il affectionnait davantage entre tous ses amis. Aussi il insistait pour que l'on fût exact à répondre à l'invitation, et il se faisait une fête de les voir arriver *tous, mari, femme, enfants, petits-enfants.*

Y a-t-il donc quelque chose d'étonnant que M. Catherinot, non-seulement n'ait pas voulu revenir sur ses précédents testaments, faits en faveur de M. Planchat, mais qu'il ait cru devoir, en 1848, ajouter à ses libéralités, et qu'il se soit inspiré de cette belle pensée du plus grand de nos poètes tragiques :

Je t'en avais comblé, je t'en veux accabler.

Loin que le testateur ait voulu révoquer les testaments antérieurs à 1848, il a eu soin d'exprimer dans les derniers, comme il l'avait fait dans d'autres testaments de 1845 et 1847, sa volonté pour que les différents dons qu'il avait faits à diverses personnes sortissent leur plein et entier effet, sans innovation généralement quelconque. Comment la subtilité peut-elle aller jusqu'à trouver une révocation dans une disposition qui confirme au lieu de révoquer ? Il est évident que M. Catherinot, qui n'était ni légiste, ni académicien, a dû croire qu'en confirmant ses testaments antérieurs sans les spécialiser, il confirmait par cela même ceux qu'il avait faits en faveur du même légataire. Autrement, ce dernier, que l'affection du testateur avait mis au premier rang de tous, se serait trouvé descendu au dernier degré de l'échelle, et les libéralités lui auraient été mesurées en raison inverse des progrès qu'il faisait tous les jours dans son estime et dans son amitié.

Les testaments de M. Catherinot en faveur de M. Planchat ont quelque chose de caractéristique qui les distingue de tous les autres : celui de 1838, notamment, a une physionomie particulière.

Le testateur confie au légataire l'insigne honneur de présider à ses funérailles, et le soin pieux de lui faire élever un tombeau dont il détermine lui-même la matière et la forme, qui doit être d'une très grande dimension.

Le système de révocation ferait supposer que cet homme essentiellement religieux en 1838, avait, dix ans après, abjuré ses croyances, qu'il n'a pas voulu être enterré autrement que le simple vulgaire, et qu'ainsi, sans prendre nul souci d'une autre vie, il n'a fait aucune disposition pour donner quelque solennité à son convoi et appeler sur lui les prières de l'église.

Une détermination aussi grave, aussi contraire au principe qu'il a toujours pratiqué, aurait besoin d'être exprimée pour qu'on pût y croire.

Heureusement que le droit s'oppose à ce qu'on puisse se déterminer ici par de simples présomptions.

La question est tranchée par l'art. 1036 du Code civil, qui porte que les testaments postérieurs qui ne révoquent pas d'une manière expresse les précédents, n'annuleront dans ceux-ci que celles des dispositions y contenues qui se trouveraient incompatibles avec les premières, ou qui seraient contraires.

La révocation doit donc être expresse. Or, les adversaires n'invoquent la révocation que par présomption ; pour la trouver, ils sont obligés d'interpréter la clause des testaments de 1848 ; ils se livrent à des raisonnements, à des conjectures plus ou moins spécieuses ; ils veulent la faire sortir par induction d'une disposition générale qui, selon nous, profite à tous les testaments antérieurs, et qui, selon les héritiers, exclut précisément ceux qui nous concernent.

Dans le droit romain, le testament postérieur révoquait de plein droit le testament antérieur. La raison en était que tout testament contenait l'institution d'un héritier, que la mort saisissait de tous les biens du testateur, sauf distribution entre les légataires particuliers, s'il y en avait. Le second testament contenant aussi nécessairement institution d'héritier, la seconde institution détruisait naturellement la première, avec laquelle elle était incompatible.

Dans le droit français, ancien comme nouveau, nos testaments ne contenant pas nécessairement d'institution d'héritier, ne sont que ce que l'on appelait autrefois de simples codicles. On peut en faire plusieurs susceptibles de produire chacun leur effet, pourvu que les dispositions ne soient pas inconciliables, qu'elles puissent s'exécuter individuellement, et que le testateur n'ait pas manifesté l'intention de révoquer tout ou partie de ses premières dispositions.

Avant l'émission du Code civil, c'était la doctrine de M. Pothier, en son Traité des donations testamentaires, chapitre 6, section 1re. L'art. 1036 a été pour ainsi dire copié dans cet auteur, aussi savant que modeste.

Voilà tout ce que nous avons à dire sur la question de révocation.

3o Les héritiers de M. Catherinot proposent deux moyens : en ce qui concerne le testament du 1er décembre 1829, qui, suivant eux, n'aurait pas valablement subrogé M. Planchat dans le tiers du legs fait précédemment à M. Jouhannet, et qui, à tout évènement, ne lui aurait pas transmis un droit aux valeurs sur lesquelles les héritiers de feu Mme Catherinot ont à exercer un droit de reprise.

Le premier moyen mérite à peine d'être discuté. Il est évident que l'auteur du testament de 1829, en substituant trois personnes au sieur Jouhannet, décédé, pour recueillir à sa place les avantages des testaments antérieurement faits à ce dernier, leur a donné droit et qualité pour demander chacun un tiers des choses et valeurs léguées au sieur Jouhannet par ces divers testaments.

Est-il vrai que le legs du tiers du mobilier doit disparaître devant le droit de reprise qu'ont à exercer les héritiers de Mme Catherinot, aux termes de l'article 1471 du Code civil, d'abord sur l'argent comptant, ensuite sur le mobilier, et subsidiairement sur les immeubles de la communauté.

L'examen de cette question ne peut appartenir aux héritiers de M. Catherinot. Les héritiers de son épouse auraient seuls qualité pour le discuter, parce que seuls ils auraient intérêt, en demandant leur mise en possession du mobilier et des autres choses léguées pour le remboursement des reprises dont il s'agit. La délivrance doit donc être faite au légataire, sauf aux héritiers de Mme Catherinot à exercer leurs reprises suivant leurs titres, et conformément au droit.

On ne peut pas argumenter de l'art. 1021 du Code civil, qui déclare nul le legs de la chose d'autrui ; car M. Catherinot a légué sa chose, et non celle de son épouse. Seulement, celle-ci a transmis à ses héritiers un droit de reprise sur cette même chose, qui doit lui être donnée en paiement, et qui, par cela même, est restée dans le domaine de propriété de son mari.

Si donc, il arrivait que la créance de la succession de Mme Catherinot dût absorber toutes les valeurs mobilières affectées par la loi à son paiement, il n'en résulterait pas que le legs serait caduc. Il n'en subsisterait pas moins, mais la valeur en serait fournie au légataire sur les autres biens de la succession de M. Catherinot, et il ne pourrait en perdre le bénéfice qu'autant qu'il y aurait insuffisance dans l'actif pour le couvrir, le testateur ne pouvant donner ses biens ou les transmettre que sous la condition essentielle du paiement de ses dettes, suivant la règle : *non bona dicuntur, nisi deducto œre aliéno.*

4° Les héritiers de M. Catherinot critiquent le mode d'exécution adopté par le légataire, et d'ailleurs autorisé par le testateur lui-même, dans son deuxième testament additionnel du 6 novembre 1843.

On n'a pas oublié en quels termes est conçu ce legs. Après avoir décidé que son légataire de prédilection serait payé de ses legs antérieurs, par privilége et préférence à tous autres, M. Catherinot lui donne la somme de 10,000 fr. à prendre dans ses terres du Verger ou de Villegourdin, les plus rapprochées de Levroux, le chargeant lui-même d'en faire l'estimation, entendant et voulant que ses ayant-cause y passent.

Conformément à cette intention, le légataire a fixé son choix, non sur les terres les plus rapprochées de la ville, et dont la distraction serait la plus dommageable pour l'exploitation, attendu qu'elles entourent les bâtiments du domaine et qu'elles sont de bonne qualité, attenant à la prairie; mais sur d'autres terres beaucoup moins bonnes et moins à la convenance du fermier. Il les a fait visiter et arpenter par un expert connu de lui, comme étant aussi honnête qu'intelligent et qui, par évaluation consciencieuse, a jugé que pour remplir le legs de 10,000 fr.; il y avait lieu d'attribuer au légataire 31 hectares, 22 ares, 90 centiares, représentant 410 boisselées, mesure du pays, ce qui porte la valeur de l'hectare à 330 fr. environ.

Les adversaires se récrient sur cette évaluation, qu'ils considèrent comme s'élevant à peine au tiers de la valeur de la chose, et ils la présentent comme une nouvelle tentative de spoliation, que le légataire veut exercer aux dépens de la succession de M. Catherinot.

A les entendre, on dirait qu'il s'agit des meilleures terres de la province du Berry ; ils feignent d'ignorer que dans ce pays, assez généralement fertile, il y a cependant des parties qui sont entièrement mauvaises et qui ne donnent que de très faibles produits.

Tels sont les terrains sur lesquels le demandeur a cru devoir asseoir le paiement des 10,000 fr., terres appelées terrageaux, présentant un tuf aride, dépouillé de végétation et dont partie est sans aucune apparence de culture depuis un temps immémorial. Ces misérables terres, ainsi acquises sur le pied de 330 et quelques francs l'hectare, sont portées au-delà de leur valeur. Mais le demandeur les a choisies, par une espèce de culte pour la mémoire de son ancien ami et pour conserver quelque chose de matériel et de palpable, lui ayant appartenu, qui pût lui rappeler tous les jours le souvenir de son bienfaiteur.

Du reste, dans l'estimation de la valeur de ces terrains, et si la justice se croyait obligée d'ordonner une vérification, il serait impossible de ne pas tenir compte de la dépréciation que toutes les propriétés ont éprouvée depuis la révolution de février 1848. Le commerce et l'industrie étant anéantis, beaucoup sans doute auraient besoin de vendre, mais nuls ne se présentent pour acquérir, en sorte que ni devant les tribunaux qui, constamment jusqu'à ce jour ont sursis aux ventes judiciaires, ni dans les études de notaires, ou les transmissions de biens se font volontairement, personne ne peut dire qu'une vente de quelque importance ait été réalisée.

Et d'ailleurs, est-ce qu'on ne doit pas accorder quelque chose à la volonté si énergiquement exprimée par M. Catherinot?

Je veux, a-t-il dit, que mon légataire prenne de mes immeubles pour la somme de dix mille francs; j'entends qu'il fasse lui-même l'estimation des terres ainsi qu'il l'entendra; et quelque valeur qu'il leur assigne, je veux que mes héritiers en passent par cette estimation.

Si l'équité fait une loi au légataire de ne pas sortir des bornes légitimes, est-ce à dire pour cela qu'il sera tenu de se renfermer dans une estimation rigoureuse, au point de ne pas excéder d'un centime, dans l'attribution des terrains, le chiffre de 10,000 francs, qui est le terme de comparaison de son legs? Il est évident qu'une certaine latitude doit lui être laissée, et qu'à raison de la crise financière et de la difficulté de vendre, qui existera encore longtemps, il est douteux que les terrains revendiqués par le légataire excèdent, si même ils égalent, les 10,000 francs dont M. Catherinot a entendu le gratifier.

5o Il nous reste à faire une observation sur la qualité que prennent les adversaires d'héritiers bénéficiaires de M. Catherinot.

Le demandeur proteste, dès à présent, contre cette qualification qu'ils ont perdue par les actes d'immixtion qu'ils ont faits dans les affaires de la succession, notamment en vendant clandestinement et sans observer aucunes formalités de justice, les grains de toute espèce provenus des récoltes de 1848 et 1849, et comme ayant traité avec plusieurs des légataires de M. Catherinot sur l'exécution des testaments.

L'article 805 du Code civil défend à l'héritier bénéficiaire, de vendre les meubles de la succession, autrement que par le ministère d'un officier public, aux enchères et après les affiches et publications accoutumées.

L'article 989 du Code de procédure civil, porte qu'il sera réputé héritier pur et simple s'il ne se conforme pas aux formes prescrites par la loi.

De même la transaction était interdite aux héritiers de M. Catherinot, en tant qu'héritiers bénéficiaires; car aux termes de l'article 2045 du Code civil, pour transiger il faut avoir la capacité de disposer des objets compris dans la transaction, et un héritier bénéficiaire, comme nous venons de le voir, n'a pas cette capacité.

Les adversaires sont donc véritablement des héritiers purs et simples, et non plus des héritiers bénéficiaires, qui ne seraient tenus des dettes et charges de la succession que jusqu'à concurrence de l'actif. Il doivent être tenus même *ultrà-vires*. Ainsi à l'avenir, il sera entendu qu'ils ne devront procéder ou qu'on ne devra les laisser procéder que comme se disant héritiers bénéficiaires, sauf à faire juger en temps et lieu si cette qualité doit leur être conservée, et en réservant à l'exposant tous ses droits contre eux, pour demander qu'ils soient déclarés héritiers purs et simples.

M. Planchat a jugé ce précis nécessaire pour éclairer l'opinion publique sur la valeur des insinuations malveillantes répandues contre lui par le sieur Germain, l'un des héritiers, et le véritable instigateur de ce procès. Il était jaloux de conserver aux yeux du tribunal sa réputation d'honneur et de probité, acquise par 50 années de travaux utiles et modestes dans l'exercice du notariat. Il lui importait qu'il fût bien démontré que si les testaments de M. Catherinot sont protégés par les principes du droit, la source de ses libéralités pour lui a été des plus pures.

Châteauroux, le 31 décembre 1849.

Signé : BRIDOUX,
Avoué.

Signé : PLANCHAT,
Ancien notaire.

Châteauroux, imprimerie AMOUROUX-BAYVET.